Eva Strittmatter

Erwin Strittmatter

Du liebes Grün

Mit 80 Fotos
von Lennart Fischer und
Rainer J. Fischer

Eva Strittmatter
Erwin Strittmatter

Du liebes Grün

Ein Garten-
und
Jahreszeitenbuch

Aufbau-Verlag

SCHNEEFRÜHLING

Wir teilen den Jahresablauf in Frühling, Sommer, Herbst und Winter. Aber das Leben und die Jahreszeiten sind ein fließender Prozeß, dem man mit Linealstrichen und Rechenkaros nur grob beikommt. Eines hängt mit dem anderen zusammen, eines fließt in das andere.

Menschen, deren Werkstätten die Wälder, die Meere, die Wiesen und die Felder sind, bedienen sich feinerer Jahreseinteilungen: Vor- und Nachfrühling, Mitt- und Altweibersommer, Früh- und Spätherbst.

Der russische Dichter Prischwin entdeckte den Frühling des Lichts, und mir kann man nicht ausreden, daß es einen

Schneefrühling gibt. Er beginnt, wenn die Sonne nach den ersten Schneegestöbern des Jahres, weiß vor Ferne, an einem wolkenlosen Himmel steht. Die Schneekristalle in den Wiesen flimmern, und die Bäume tragen Schneeblüten bis in die dünnsten Zweige. Die Vorjahrsstengel von Schafgarbe, Rainfarn und Mädesüß gleißen am Wege; und die Schwerter des Schilfs stecken in weißen Schneescheiden.

In den Tieren erweckt der Schneefrühling voreilige Hoffnungen: Der Grauspecht kreischt, und sein Flug von Baum zu Baum mutet fröhlich an. Die Krähen proben ihr Frühlingsgekrächz, und in den Schonungen klingeln Goldhähnchen und Meisen. Die Wildschweine kommen aus den Dickungen, lassen sich auf ein Wettrennen mit dem trabenden Reiter ein und galoppieren grunzend am Seerand hin, wo das dünne Rand-Eis unter ihren ungestümen Klauen knackt.

Bleßhühner und Haubentaucher sind davongezogen, nur die Wildgänse warten den Schneefrühling in der Nistheimat ab.

Aber eines Nachts schiebt sich die Eisdecke vom Seerand wie die Jalousie eines Rollschrankes über das offene Wasser. Die Wildgänse spannen (ein wenig widerwillig, wie es scheint) ihre Schwingen und erheben sich für die lange Reise in die Winterheimat. Wenn sie davon sind, beginnt mit trockenem Harsch und Frost – der Schneesommer.

VOR DEM VORFRÜHLINGSREGEN

Die Erde riecht nach Regen,
Der heut nacht vielleicht fallen wird.
Das Bachwasser riecht nach Fischen
Und grüner Fäulnis. Es schwirrt
Die Luft von Stimmen.
Die Vögel sind aufgeregt.
Die Spechte schreien hallend.
Wie von Ahnungen bewegt.
Etwas wird kommen, kommen.
Es wartet der graue Staub.
Es wartet in den Bäumen
Auf Wasser das künftige Laub.
Eine Stille kommt mit dem Abend.
Windloser kann es nicht sein.
Erd- und Luftströme stimmen
Für den Regen überein.
Alle Sinne sind gerichtet
Auf diese verheißene Nacht.
Noch im Schlaf werden wir es spüren,
Wenn die Erde vom Regen erwacht.

NUR EINMAL SO

Es ist ja nur der Wind, der geht,
Der Wasserwind vom Februar,
Der nach dem Schnee dem Regen weht.
Der Winter, der kaum Winter war,
Zersetzt sich langsam. Unterm Grau
Der Wiesen ist schon Grün zu sehn.
Und manchmal riecht es wie nach Tau
Und so, als soll bald was geschehn.
Und wieder weiß man nicht, was wird?
Man weiß nur: es wird *anders* sein.
Wer meint: *das* wiederholt sich, irrt:
Nur einmal *so* fällt Frühling ein.

FRÜHLING AUS MENSCHENHAND

Den Frühlingsanfang kann man auf mancherlei Arten bestimmen; die bequemste und unzuverlässigste ist der Blick in den Kalender. Man legt den Finger auf die Einundzwanzig im Monat März und behauptet, es sei Frühling. Nach dem Stand der Erde zur Sonne müßte an diesem Tage auch tatsächlich die Jahreszeit beginnen, die wir FRÜHLING nennen.

Menschen, die auf den Feldern und in den Wäldern arbeiten, beobachten die leiseren Zeichen des Übergangs vom Winter in den Frühling: Birken- und Sauerkirschzweige glänzen seidig. Die Baumsäfte steigen aus den Wurzelwerken in die Rinden. Ein anderes Vorfrühlingszeichen sollen die Stimmen der Zugvögel sein, die aus wärmeren Erdteilen zurückkehren. In der Heimat meiner Kindheit galten die Stare als Frühlingsvorboten, hauptsächlich wohl, weil sie im Schullesebuch so bezeichnet wurden. In meiner Wahlheimat zwischen Wäldern und Seen betätigen sich die Schwäne mit mehr und minder Glück als Frühlingsanzeiger. Sobald sich die Luft für einige Tage erwärmt, sieht man sie eines Morgens im Frühdunst über unser Vorwerk hinwegziehen. Ihre Hälse und Köpfe sind, wie Zeigefinger mit rot lackierten Nägeln, in die Richtung der Seen gereckt. Dort gehen sie auf dem Wasser der ersten Eislöcher nieder, und wenn sich diese EISMÄULER im Neufrost noch einmal schließen, harren die Schwäne trotzdem ein paar Tage aus.

Sie watscheln über das Eis und suchen sich ein kärgliches Futter auf den Wiesen am Rande der Seen. Manchmal läßt sie ihr kleiner Verstand, den wir Instinkt nennen, nicht umsonst verharren. Der Frühling kommt wirklich.

Aber keines der sogenannten Frühlingsvorzeichen ist unbedingt verläßlich. Polare Luftströme können die stärker gewordene Strahlkraft der Sonne für Wochen aufheben. Die glänzenden Zweige der Sauerkirschen sind eines Morgens mit der Frosthaut überzogen. Der Kalender kann in der warmen Stube liegen und seine Behauptung vom Frühlingsanfang aufrechterhalten, während uns draußen die Erde mit einer neuen Schneeschicht schreckt und die Zugvögel frierend umherhocken oder wieder davonfliegen.

Der Mensch ist das einzige Lebewesen, das sich nicht mit dem, was es auf seinem Planeten vorfindet, zufriedengibt. Im Laufe der Jahrhunderte hat er sich bereits kleine, zuverlässige Frühlinge in Gewächs- und Exotenhäusern hergestellt. Aber das genügt ihm nicht. Seit einiger Zeit sind seine Forscherbrigaden auf den Beinen und entwerfen Projekte, die warmen Meeresströmungen umzuleiten, um den Lenzbeginn verläßlicher und die Frühlinge womöglich länger zu machen. Aber er muß vorsichtig dabei zu Werke gehen, denn wo ein Plus ist, ist auch ein Minus.

NEUER FRÜHLING

Eine Kleinigkeit ist anders dieses Jahr:
An der Bohlenbrücke hat ein Baumpilz angesetzt.
Tief korallenrot und wunderbar
Wird ein Rest von Zellulose umgesetzt.
Diese Farbe, diese Farbe!
Und die Form ist auch sehr schön:
Blumenhaft. Wie um die Narbe
Eines Blütenstempels stehn
Keimlinge, von Tau befeuchtet.
Rund wie Tropfen oder Perlen.
Und ihr neues Feuer leuchtet
Neben den bekannten Erlen.
Ohne Ende Möglichkeiten:
Aus der alten Erde heben
Sich die Keimlinge zu Zeiten:
Aufspringt rot der Funke *Leben*.

MÄRZ IN WAHRHEIT

Alle Schneisen sind mit Blau ausgegossen.
Der März ist hellblau. Hellblau nicht grün.
Das Kieferngrün ist von Lichtblau umflossen,
In dem, gegens Licht, Lichtstäublein sprühn
Von fliegendem Leben, Mücklein, die schweben
Im okeanisch wogenden Blau.
Allgierig sich erneuerndes Leben
Umbalzt auch mich, die zaudernde Frau.

SEHNSUCHT

Die Wolken traten zur Seite, der Himmel klärte sich, und die Schneekristalle veränderten sich im Sonnenlicht. Viele von ihnen wechselten die Gestalt, verschwanden in der Erde und begaben sich auf die unterirdische Strecke des Wasserkreislaufs.

Nebenstrahlen des Sonnlichts, die das menschliche Auge nicht wahrnimmt, drangen durch die Federn der Vögel, erreichten ein kleines Sonnensystem in den Vogelleibern, die Drüsen, und die Drüsen sandten ihre wunderwirkenden Säfte ins Vogelblut. Die Vögel wurden lustig, lüstig und sehnten sich.

Als der Mensch den Gesang der Vögel vernahm und die Sonne auf seiner Haut fühlte, gingen auch in ihm Veränderungen vor: Seine Singstimme löste sich, und da er nicht wußte, was er singen sollte, summte er, und seine Nasenhöhle vibrierte und setzte sein Hirn und den Sitz seiner Sehnsucht in Schwingungen.

BIRKEN

Zuweilen kehren die Erdbewohner, die wir Bäume nennen, ihre Eigenheiten besonders deutlich hervor. Es kommt auf die Stellung des Lichts an. Das Licht aber hängt von der Jahreszeit, die Jahreszeit von der Erdlage und die Erdlage von den sich wandelnden Verhältnissen im Weltraum ab: So kommen alle Dinge auf Erden zu IHRER STUNDE.

Gestern hatten die Birken ihre Stunde; eine Reihe hundertjähriger stand an einem zerfahrenen Feldweg vor einem enzianblauen Märzhimmel. Der Schnee auf den Feldern war verharscht und reflektierte das Sonnlicht. Die Hundertjährigen agierten bei Ober- und Rampenlicht, wie man auf dem Theater sagen würde. Ihre hängenden Haarzweige bewegten sich im Felderwind, und ihre Rinden waren borkig wie altes Gebäck, mehr schwarz und grau als weiß. Sie waren Grenzbäume zwischen Weg und Feld und hatten lebenslang Raum genug auszuladen und sich zu breiten. Sie mußten sich breittun, der Ostwinde wegen, die im Winter an ihnen zausen. Jede Birke war dort ein Charakter, doch nicht charakteristisch für ihre Art.

Anders ihre Schwestern, die, zu einem Birkenwäldchen vereinigt, in einen alten Kiefernwald gebettet, am Seerand standen. Während es unter den Kiefern dunkel und moosdüster war, war's unter den Birken sauber und hell wie in einer gut geputzten Stube, in der die Halbwüchsigen wie Mädchen in weißen Kleidern standen. Sie sahn auf den See mit den rungsig redenden Bauerngänsen hinunter und tuschelten einander – auch das wie Mädchen – bei jedem Windstoß Geheimnisse zu. Ihre Rinden waren von steigenden Säften belebt. Sie glänzten birkenheiter in den Tag.

Hinten am Hang lag eine vom Wind gebrochene Birkengroßmutter am Boden, und wenn der Fallwind herniederstieß, ächzten ihre Äste. Ihre Rindenröcke wellten und pellten sich, zeigten die zimtbraunen Unterseiten, während die dünneren Zweige noch glänzten. Und die Alte reckte sie der Sonne hin, als erhoffte sie, mit Hilfe dieser jugendlichen Reiser vom kraftweckenden Licht noch einmal ins Leben gerissen zu werden.

GRÜN (I)

Mit solcher Gewalt bricht der Frühling herein,
Daß wir nicht nachkommen, um uns zu sehen.
Über Nacht sind Wunder und Wunder geschehen.
Über Blüten, blau, gelb schon Schmetterlingswehen.
Überstürzen, Brausen, Außersichsein.

Vorausgeworfene Sommertage
Anfang April. Ob das wohl bedeute:
Lebt, was ihr könnt und lebt unbedingt heute!
Der Sommer wird schlimmer Wirrnisse Beute,
Zeit des Entsetzens und Zeit sein der Klage.

So ist uns der Glücksrausch von Ängsten zersetzt.
Wie würden wir diesen Frühling genießen,
In dem schon Ströme des Sommers fließen,
Wär nicht die Stille zertrümmert vom Schießen
Und der Himmel von eisernen Vögeln verletzt.

Und doch dieser Tag, um uns alles zu geben.
Tag grün mit dem wie gewendeten Duft
Aus des Erdreichs eben geöffneter Gruft,
Der sich mit der geläuterten Luft
Mischt zum Geruch von ewigem Leben.

Überstürzen, Brausen, Außersichsein.
Über Blüten, blau, gelb schon Schmetterlingswehen.
Über Nacht sind Wunder und Wunder geschehen.
Daß wir nicht nachkommen, um uns zu sehen.
Mit solcher Gewalt fällt der Frühling ein.

ÜBERFÜLLE

Noch füllt Schwemmwasser die Wiesen, aber schon blühn die Sumpfdotterblumen. Die Frösche sind da, die Kiebitze spielen, und Kraniche äsen vor Sumpfgebüschen. Die Stockenten streichen, die Krähen baun Nester, und der große Hirsch, den die Kühe verließen, stampft ohne Hast die Schneise hinunter.

Unter den Buchen blühn Buschwindrosen, der Huflattich blüht, die Taubnesseln blühn, und es schimmert schon grün um die Ahornkronen.

Lorcheln hocken in Jungkiefernzeilen, die Gräser treiben, die Nesseln sind da, noch zart, aber da und blühn schon und treiben.

Und man weiß nicht, wohin man zuerst sehen soll, und immer die Furcht, nicht alles zu fassen und was zu versäumen im fünfzigsten Frühling.

GRÜNER JUNI

Tropische Stimmung im märkischen Garten.
Regendünste dicken die Luft,
Sämig schon vom blühenden Duft
Der Holunder, die zu Wäldern entarten.

Als wir begannen, wurzelten wir
Schößlinge vier von dem wilden Flieder.
Jetzt beugen vierzig Bäume sich nieder,
Bekrochen von allerlei niederm Getier

Und durchflogen von Vögeln. Die blaue Meise
Ist wie ein Tropfen im Schaum versunken.
Da hat im Herbst die Drossel getrunken.
(Narkotische Kräfte zur glücklichen Reise.)

Nun fehlt nur noch, daß Kolibris fliegen
Durch unsern tropischen Regengarten.
Daß wir auf Paradiesvögel warten,
Läßt uns über alle Zweifel obsiegen.

GINSTER

Frühlingswald. Lichtes Lärchengrün.

Sandweg. Bald wird der Ginster blühn.

Ginstergelb fängt der Juni an.

Brennt den Frühling aus,

Der grad begann.

Immer die Sehnsucht zu weit voraus.

Immer nur halb daheim und zu Haus.

WALDMEISTER

Ich schrieb, und im Garten spielte die Maiorgel. Das Konzert begann mit Amselstimmen, dann fielen die Stare ein, und später übernahmen der Kuckuck und der Wiedehopf das Leitmotiv. Gegen Mittag herrschten die sanften Bässe der Bienen in der Partitur.

Da es Sonntag war, sattelte ich die Stute, und als ich unter den Ebereschen entlangritt, sah ich, daß sich die Färbung meiner silbergrauen Stute und der silbergraue Wollschimmer der jungen Ebereschenblätter glichen. Ich hielt mich am abwechslungsreichen Ufer eines eigenwilligen Sees auf und traf dort nicht einmal einen Angler. Sahen jetzt auch die Angler schon an einem so milden Maitag aus ihren Stuben durch einen Apparat in die Ferne und verschmähten ihre schöne Nähe?

Ich ritt durch Herden blühender Buschwindrosen und über blühenden Sauerklee hinweg, und ich sah, wie sich die Blätter des Farnkrautes aus der Erde rollten. Zwei junge Seeadler kreisten suchend überm See, und als sie mich sahen, verständigten sie sich und flogen in die Wälder am jenseitigen Ufer. Der Zilpzalp schrie, und der Drosselrohrsänger knarrte, und aus der Ferne hörte ich den Pirol. Scharen wild lebender Waldstare flogen aus den Seewiesen, wenn ich mich näherte, und das junge Birkenlaub war bonbongrün und duftete. Unter den breiten Buchenkronen war es noch hell und noch nicht so stubendämmerig, wie es später im Sommer dort sein würde.

Ich suchte nach einer Pflanze, deren Duft ich kenne, deren Absud ich trank, die ich aber bisher nur auf festlichen Tischen und nie im Walde gefunden hatte; und obwohl ich viele Sommer meines Lebens nicht nur in der Heimat, sondern auch in Bayern, in Tirol und Thüringen nach ihr gesucht hatte, hatte ich sie nicht gefunden, und nun suchte ich hier in den mecklenburgischen Wäldern nach dieser Pflanze, dem Waldmeister.

Ich ließ die Stute sacht gehn, hing im Sattel und suchte: Ich fand junges Blaubeerkraut und Buchensämlinge, zartes Gras und wieder Sauerklee und Buschwindrosen, aber den Waldmeister fand ich nicht, diesmal noch nicht.

Vielleicht würde ich den Waldmeister auch nächstes Jahr nicht finden, aber sollte mich das traurig machen? Ich werde manches nicht sehn, was ich in der Jugend zu sehen wünschte: die echte Taiga und die Tiger dort nicht, die Gletscher Islands und die arabische Wüste nicht, die Tiere ohne Menschenfurcht auf den Galapagos-Inseln und die Wälder auf fernen Sternen nicht. Und je älter ich werde, desto weniger wehmütig stimmt mich das, denn ich werde nicht einmal fertig, über das tief genug nachzudenken, was mir täglich begegnet, habe nicht einmal Zeit genug, mich satt zu freuen an dem, was ich sehe, habe nicht Zeit genug, mir auf das alles MEINEN VERS zu machen.

ATEM

Wieder noch einmal ist Juni geworden.
Wieder noch einmal solch eine Nacht.
Halbhelle Nacht im halbhohen Norden.
Wieder noch einmal zur Liebe erwacht.

Wieder noch einmal das sichere Wissen:
Es gibt keine höhere Weisheit als Glück.
In einem Atem zur Lust hingerissen.
Das Leben bäumt auf. Der Tod fällt zurück.

Gesegneter Juni mit seinen Jasminen,
Holundern, Rosen und all ihrem Duft.
Wie winterlich alt wir uns eben noch schienen.
Und nun diese Juninacht! Lenzjunge Luft.

LOB AUF DEN JUNI

Der Mai umschmeichelte uns mit Kirsch-, Kastanien- und Apfelblüten. Fliederduft und der Blütenschaum der Schlehen verwirren uns, so daß wir die schlichteren Blüten des Junis kaum beachten.

Aber alles Grün ist am grünsten im Juni, wenn der Holunder uns seinen südlichen Duft auf weißen Tellern hinhält, die sich später im Jahr mit blauschwarzen Beeren füllen.

Am Wegrand stehen die Heckenrosen; zart ist ihr Rosa, scheu ist ihr Duft, glanzrot sind später die Hagebutten. Der Ginster bringt uns das Märchengold der Kindheit zurück, während hinter den Goldtropfen bereits die Entwürfe seiner haarigen Schoten auf ihre Verwirklichung warten. Das strebende Blau der steilen Lupinen bereitet den Weitsprung der Samen vor, und das Labkraut preist sich mit Honigduft an. Die versteinten Robinien münzen gesammelten Stickstoff zu Trauben aus Blüten um, deren Duft die Bienen von weit her herbeiruft. Der Nelkenwurz sorgt mit gelben Insektenreizen schon für die buntborstigen Samenkugeln. Das Flirren und Sirren von Käfer- und Bienenflügeln um die strohfarbenen Lindenblüten summiert sich zum Brausen. Erinnerungen ziehen herauf: Jener Orgelbaum, der den Hof des Elternhauses eindunkelte; jener milde Lindblütenduft, der durchs geöffnete Schlafkammerfenster bis in unsere Träume drang; jener duftende Dampf vom Aufguß der getrockneten Blüten, der die jachen Fieber der Kindheit dämmte.

Nicht zu reden von Gräsern und Kräutern. Der Mai ließ sie wachsen, aber der Juni öffnet ihnen die Knospen. Die Rehe setzen ihre Kitze in die blühenden Graswälder zwischen Hahnenfuß, Glockenblumen und Klee.

Niemand kann hinreichend erklären, weshalb die Nachtnelke ihren Duft tagsüber für die Juniabende zurückhält. Man könnte den alten Kinderstreit heraufbeschwören: Was war früher da, die Henne oder das Ei? Sorgen die Nachtnelken mit ihrem Nektar für das Fortbestehen der Nachtfalter, oder sorgen die Nachtfalter mit ihren zitternden Flügeln für das Fortbestehen der Nachtnelken?

Das alles geschieht im Juni, wenn in den Nächten ein Streif Tag über den Wäldern stehenbleibt bis zum Morgendämmern.

Über den Mai wurden viele Gedichte geschrieben, aber wer schrieb eines über den Juni? Hat es den Dichtern das Wort »Mai« angetan, das sich willig auf »tarandei«, »frei« und »vorbei« reimt? Wie auch immer und meinetwegen, aber unterschätzt mir den Juni nicht, den Juni mit den wandernden Blütenstaubwolken des Korns!

ROTER JUNI

Über die Gräser geht Blütenstaub.
Dunst geht über die Wiese im Licht.
Schottische Rosen stehn rot im Laub.
Aber die Rosen blühen noch nicht.

Noch ein paar Tage, noch eine Stunde,
Dann wird die erste Blüte aufgehn
Wie eine lange verheimlichte Wunde
Und sich dem heilenden Licht zudrehn.

GRÜN (II)

Du liebes Grün, Brennesselgrün.
Die Nesseln grün am schwülen Tag,
Wuchernd wie sie den Weg umblühn,
Der hinterm alten Friedhof lag …
Links seine rote Backsteinmauer
Und rechts der schwarze Plankenzaun
Des Siechenstifts. Da hauste Trauer:
Ärmliche graue Witwenfraun.
Und schwarze Schnecken auf dem Wege.
Und Schöllkraut blühte schwefelicht.
Und von Holunder ein Gehege,
In das sich blauer Flieder flicht.
Und das Geheimnis Einsamkeit:
So klein und da allein zu gehn.
Und eine lange kurze Zeit
Allein in all dem Grün zu stehn.
Hoch überwölbt. Am Grund des Schlunds.
Der schmale Weg schloß oben zu.
Das war der Tag des ersten Bunds:
Ich und die Welt auf du und du
Im grünen Arm der Einsamkeit,
Vom Nesselatem angehaucht.
Am Wegesausgang stand die Zeit.

Das Kind ist anders aufgetaucht,
Als da es einging unbewußt
Ziellos und spielend diesen Gang …
Groß war die Angst und groß die Lust.
Einmal. Und dann ein Leben lang.

DER GROSSE GESANG

Es duftete nach Erde, Wald und Wasser. Die Luft, das Gas des Lebens, durchdringt und verläßt uns, bringt und nimmt, erhält uns das Leben.

Auf dem See, den vor Tagen noch eine altersgraue Eisschicht bedeckte, schwimmt und taucht, plätschert und rudert, piept und trillert es. Wie Samen aus fernen Ländern fiel in den vergangenen Nächten das Wassergeflügel vom Himmel und pflanzte sich mit Beinen, die noch halb Flossen, halb Wurzeln sind, in das Wasserfeld.

Bleßhühner fahren hupend umher und machen den See zum Rummel- und Tummelplatz. Das »Kökökök« der Haubentaucher und das sägende »Räb-räb« der Stockenten-Erpel fährt durch die dünnen Zweige der Faulbäume. Die Kraniche posaunen in den Seewiesen, und aus den Uferkiefern fällt das sentimentale Liebesglucksen der Nebelkrähen.

Die Symphonie zum Lobe des Lebens setzte ein, und wenn sie endet, werden sich ihre Sänger verdoppelt, verdreifacht und vervierfacht haben. Die jungen Krähen werden den Altkrähen ähneln, und den jungen Taucherhähnen wird wie ihren Vätern eine Haube wachsen, und doch werden weder die Jungkrähen noch die jungen Taucher ihren Eltern bis auf die letzte Feder und bis in die letzte Phase ihres Verhaltens gleichen, weil alles, was lebt und fortleben will, sich auch hinaufpflanzen muß.

SPANISCHER WEIN

Das windige Grün im verregneten Juni
Und widerstehendes Lebensgefühl.
Die Schwäche der Schwüle ist von uns gefallen.
Wir nehmen es wieder auf mit allen.
Der Kopf ist klar, sind die Tage kühl.
Heiho, wie es wächst! Die verkümmerten Gräser
Warn auf dem Sprung, neues Grün auszutreiben.
Wir füllen mit spanischem Wein unsre Gläser.
Auf den Wandel, Freunde! Es wird nicht so bleiben.

GROSSE NÄCHTE

Die gelben Lilien und die lilanen Lupinen,
Kastanien blühn und Fliederbaum.
Spät blühn Holunder und Robinen
Und drängen weiß in unsern Traum.
Im Juni, in den großen Nächten,
Macht manches Mal ihr Duft uns wach.
Was wir an Süße da genießen,
Geht uns noch im Dezember nach.

REGENTAG

Die Wolken hingen wie Wischlappen über den Bäumen; eine große Hand schien sie auszudrücken, und das ausgepreßte Wasser tropfte auf die Birkenblätter. Kleine Tropfen strebten zueinander, vereinigten sich und fielen herab. Das Moos sog sich voll wie ein Schwamm. Eine Wildtaube ließ sich's unter die Flügel regnen. Wir saßen den Sonntag lang unter Tannen, sahn in den Regen und hörten den See mit dem Himmel reden.

BÄUME

Oft tröstet's mich, auf Bäume zu sehen: Sie wachsen und wachsen, grünen und grünen; trotz schlechter Wetter, nach strengen Wintern, trotz trockener Sommer und Wassernot. Sie lassen nicht ab und lassen nicht ab.

Doch nun schon zum fünfzigsten Male seh ich, wie ihre Blätter verdorren und rascheln, wenn sie in Wasserzuber gestellt sind: Ich meine die Birken, zum HEILIGENGEISTFEST, zu Pfingsten.

ROTDORN

Wir haben zwei Rotdornbäume gepflanzt.
Ich kann sie von meinem Fenster aus sehn.
Als Kind hab ich unterm Rotdorn getanzt,
Und manches Liebe ist da geschehn.

Jetzt haben wir für uns Rotdorn gepflanzt.
Von meinem Fenster aus kann ich ihn sehn.
Ich werd es nicht sein, die unter ihm tanzt.
Und auch das Liebe wird andren geschehn.

GRASNELKEN

Ich wußte nicht, daß ich diesem Stück Welt
So unwiderruflich verwachsen bin.
Es kam mir bisher niemals in den Sinn,
Das es mich *wirklich* am Leben erhält.

Ich dachte immer, ich könnte mich trennen,
Wenn ich nur wollte. Das ginge leicht.
Doch jetzt: was mich aus der Ferne erreicht,
Das werde ich niemals gut genug kennen,

Um draus zu leben. Nur dieser Sand
Wandelt mich an, mich in ihn zu legen.
Er ist so arm. Ohne Wetter und Regen
Wird er im Sommer zu Steppe verbrannt.

Doch kenne ich seine Sprache genau.
Das Brechen der Gräser. Ihr bitteres Welken.
Das kümmernde Rosa harter Grasnelken.
Ihr bläuliches Spiel unterm spärlichen Tau.

Vor ihnen muß ich mich nicht vermessen
Und habe nicht Mühe, mich anzupassen.
Ich kann mich einfach fallenlassen.
Sein, wie ich bin, und vergessen vergessen.

VOLLER MORGEN

Die Sonne scheint noch im anderen Land. Der Morgen ist ihr vorausgeeilt. Der Kuckuck läutet mich aus dem Schlaf. Auf einem Koppelpfahl hupt der Wiedehopf. Die Pferde brummeln. Die Stute streckt sich; ihr Fohlen ruht noch. Der Hengst beäugt mich. Zu halber Nacht hörte ich seinen Hufgruß in meiner Kammer. Unergründlich ist die Schlafzeit der Pferde!

Der Zwerghahn breitet die Flügel aus und kräht, dann drängt er die Hennen zur Tauwurmsuche. Die Ente schiebt Daunen auf ihr Gelege und frißt dann hastig. Ihre Augen sind dem Nest zugewandt. Der Erpel zieht zögernd als Einspann zum Bach.

Wie wohl verstehen die Tauben den Morgen! Sie rollen und purzeln im Wiesendunst. Der Wermut erwacht, und die Lichtnelken tun sich auf. Der Löwenzahn hebt seine Kinderkerzen. Ich geh an mein Werk und treibe, so hoff ich, ein Blatt.

DER GIERSCH

Im Sommer steht der Garten voll Giersch. Er überwuchert die Bohnenbeete. Wir mögen ihn nicht und reißen ihn aus. »Immer der Giersch, ein zähes Unkraut, der Giersch!«

Der Winter kommt, und der Winter geht. Zwölf Wochen lang Schnee. Die Augen warn seines Glanzes müde. Eines Mittags kommt schüchtern die Sonne. Leise leckt sie den Schnee vom Staket. Und was steht dort im Schutze der Latten? Kleine Blätter, gekrümmt noch: der Giersch.

Wir wundern und freun uns: Bald kommt der Frühling. »Saht ihr den Giersch? Der Giersch ist schon da!«

BLÜTEN UND DÜFTE

Die Erle im Licht. Fast kaukasische Bläue.
Der kleine Wind, der die Birke verwirrt.
Das ist die wirklich beständige Treue:
Der Ehrenpreis blüht, der bläßliche, scheue.
Die Erde erfüllt ihr Gesetz unbeirrt.
Die Düfte, die Düfte: das Leben von Bäumen
Und Sträuchern und Stauden im Mai.
Die Ebereschenblüten verschäumen
Gilbend den Dunst von gebrühtem Salbei.
In allen Gräben, an allen Hängen
Blüht Wiesenkerbel: fast ohne Geruch.
Er trägt dafür auf den Überlängen
Seiner grünen Ständer ein Spitzentuch,
Geklöppelt aus weißen Blütensternen.
Vielmeterlanges Tuch wellt im Wind.
Neu sind jedes Jahr ein paar Worte zu lernen,
Denen Düfte und Blüten zutraulich sind.

SÜDLICH NÄCHTLICH

Der Nachtgeruch von Buchsbaum,
Der sengende südliche Duft,
Verflüchtigt sich in der Frühe,
Ebbt nur noch nach in der Luft,
Die sich erwärmt. Der schwüle
Wie Weihrauch schwelende Duft
Wird deutlich nur in der Kühle
Vom Nachtwind gefegter Luft.
So kennen ihn nur, die sich lieben.
Die durch die Nacht hingehn.
Vom Buchsduft zur Liebe getrieben.
Und wissen nicht, wie es geschehn.

SCHWERTLILIEN

Am niedrigen Zaun des Hofgärtchens blühen die Schwertlilien. Im Vorjahr ließen wir sie uns als SORTIMENT, als eine Schwertlilienwundertüte, aus einer Erfurter Gärtnerei schicken. Wir wußten nicht, wie ihre Blüten aussehen würden. Jetzt überrascht uns eine nach der anderen mit den Farben, die in ihr sind. Bis zur Nacht wahrt jede ihr Farbgeheimnis. Erst am Morgen erfahren wir, welche Farbenbotschaft und -überraschung uns die jeweils erblühte Staude mitbrachte. Eine blüht rostrot, eine andere schimmert perlmuttfarben, und einen Tag später überrascht uns eine mit einem Blau, daß man glauben könnte, es wäre ein Stück Frühlingshimmel auf sie gefallen.

Diese Farben gehörten den Schwertlilien nicht ursprünglich an. Sie erwarben sie sich mit Hilfe des Menschen. Der Mensch, der große Planetenveränderer, entwickelt sich selber und ruht nicht, bis sich auch die Dinge, die Pflanzen und die Tiere um ihn her entwickeln. Aber ein Gesetz kann er dabei nicht außer Kraft setzen: WO EIN PLUS IST, IST AUCH EIN MINUS. Was die neuen Schwertlilienarten an Farbe gewannen, verloren sie an Duft.

Wohl deshalb fühle ich mich zu der alten dunkelblauen Art mit den weißgelben Blütenschlünden mehr hingezogen als zu den farbenprächtigeren. Die Farbe und der Duft der halbwilden, alten Art erinnern mich an meine Kindheit. Ich meine jene Vorschulkindheit ohne Pflichten. Damals war ich nicht größer, als die Blütenstengel der Schwertlilien hoch waren. Ich saß unter ihnen in der alten Holzlaube vor dem Elternkotten. Der Lilienduft kam unverzettelt auf meine kleine Nase zu und war von einer milden Eindringlichkeit.

Heute muß ich so tun, als ob ich körperlich noch klein wäre, muß mich niederbeugen oder hinhocken, um am unzerstreuten Duft der Kindheitslilien teilzuhaben, um mich erinnern zu können, was ich damals fühlte. Und ich nehme, wenn ich mich wieder aufrichte, ein kleines Muster der damaligen Gefühle und der Lebenslust in mein zuweilen nicht mehr so harmonisches und von allerlei eingebildeten und suggerierten Ängsten rissig gewordenes Leben. Ich tue es in der Hoffnung, daß dieses kleine Muster wieder in mir Fuß fassen, sich ausbreiten und mir helfen möge, erst für Minuten, dann für Stunden und schließlich für ganze Tage wieder so zu fühlen wie damals: Das Leben etwas Selbstverständliches, ich ein unentbehrlicher Teil davon, ein Verwandter der Schwertlilien.

MITTSOMMER I

Am Abend arbeiten die Grillen.

Sägen den Tag um. (Das ist schwer.)

Was keiner kennt, wird sich erfüllen.

Leer

Ist der Himmel. Fledermäuse stürzen.

Steigen im Schatten. Steine schlafen ein.

Die wilden Düfte des Holunders würzen

Die Schummrung. Und die Nacht fällt ein.

SCHWINGUNGEN

Manchmal gelingt's einem für kurze Zeit, still wie die Dinge, aber mit der angespannten Aufmerksamkeit eines Vollmenschen zu leben, und man wird Zeuge merkwürdiger Vorgänge. Als ich am zeitigen Morgen vor den Schwertlilien stand und mir die eben aufgeblühten ansah, wippte ein Blütenblatt aus dem spitzen Gebilde, das vor diesem Ereignis noch eine Knospe war. Mit einem Sprung wurde die Knospe zur Blüte. Das heruntergeklappte Blütenblatt bot sich den Insekten als bunter Landeplatz und Laufsteg an. Die Tür eines Nektarladens war geöffnet worden, und seine farbige Ankündigungstafel verhieß: HIER HONIG GEGEN BESTÄUBUNG!

Vielleicht war es der winzige Morgenwind, vielleicht die sich in der Luft fortpflanzenden Flügelbewegungen einer Mücke, oder es waren andere, viel feinere Schwingungen wie Radiowellen, die den Anstoß für das Aufklappen des Blütenblattes gaben. Wir wissen noch zu wenig von den mannigfaltigen Schwingungen und Wellen im All, die sicher auch uns zu diesen oder jenen Äußerungen und Taten veranlassen.

LUPINE

Lupinenblau – so war doch was
In meiner Kindheit. War es Glas?
Was war so blaß wie die Lupinen,
Die sich wie wild dem Licht zudrehn,
Wie blaue Flammen, die nicht brennen
Und doch so überschnell vergehn?
Glas war es, Steine, Glitzerkram,
Weiß nicht mehr, wie er an mich kam,
Weiß nur noch dieses bleiche Blau,
Die Sehnsuchtsfarbe. Morgentau
Im leichten Himmelslicht erstarrt,
Und ein Gefühl von solcher Art:
Glückstropfen, in der Faust zerpreßt,
Verloren. Doch es blieb ein Rest
Der Sehnsuchtsfarbe Lerchenblau.
Lupinen brennen unterm Tau.

SANFT

Meine sanfte Wiese, von Enten wild überflogen,
Von Disteln umwuchert, von Nesseln besetzt,
Mäandrisch vom sandigen Bächlein durchzogen,
Das sommers sanfte Gesichter netzt
Dem Ehrenpreis, der am Wasser siedelt,
Blau blau, Vergißmeinnichte so blau!
Auf andere Art: wie die Heuschrecke fiedelt.
Auf andere Art: wie die Beeren aus Tau,
Die flüchtigen Küglein, dem Gras angehangen,
Sie spiegeln das liebliche Morgenlicht,
Einen Atem lang, eh sie zu beben anfangen
Und sanft vergehn am eignen Gewicht.

NACH DEM GEWITTER

Der Regen rasselte nicht mehr, und die Wolken schwammen im leisen Nachregen wie ausgelaichte Fische davon.

Eine Wildente stieg auf. Ihr vorgereckter Hals zerteilte den Nachregendunst, und obwohl wenig Licht im Tal lag, glänzte ihr Gefieder. Sie benutzte den aufgequirlten Bach als Leitstraße.

Zwei Ringeltauben flogen verhalten zum Hochwald und erfrischten mit dem Nachregen ihr Gefieder unter den Flügeln.

Die Stare zogen in die Wiesen und kamen mit Würmern in den gewaschenen Schnäbeln zurück.

Der Regen ging leiser und leiser, und die ersten Sonnenflecke fielen ins Wiesental, und wo sie hinfielen, war das Gras grüner als grün. Die Schwalben umkreisten die Bacherlen, und der Regenbogen zertaute. Die Sonne glitt hinter den Wald, es wurde Abend, Nebel stieg aus Wiesen und Wäldern und begrub alle Dinge. Grauer Dunst talauf und talab.

Ich ritt auf dem Schimmelhengst zum Vorwerk. Nur am Duft nahm ich wahr, wo ich mich befand und was rechts und links meines Weges stand. Ein Duft sagte: KIEFER, und ein anderer sagte: BIRKE. Dann hieß es eine Weile. GRAS und GRAS, und ich wußte, daß ich in den Wiesen war. Schließlich sagte es: SCHLEHDORN und dann: KÜHE.

Für eine halbe Stunde lebte ich in der Welt der Nasentiere.

AUF DEM FELDE

Die Sonne stieg schon dem Sommer zu, und das Gras brach-
te es auch in der Nacht nicht zum Tau, doch die Quecken
grünten allüberall, am üppigsten auf dem Kartoffelacker. Die
Kartoffelpflanzen waren noch winzig und hellgrün. Ich schob
die Radhacke durch ihre Reihn. Die Hacke hinterließ dunkle
Streifen im Feld. Die Queckenwurzeln krallten sich fest. Die
Hacke holte sie auf die Sonne, und sie dörrten dort und
siechten dahin.

Drei Tage später, als ich aufs Feld kam, hörte ich die Kartof-
felsträucher. Sie reden in Farben und sagen es dunkelgrün:
Endlich, endlich ein wenig Luft!

MÜCKE AM BLATT

Es begann zu regnen, und eine Mücke setzte sich auf die Unterseite eines Birkenblattes.

Dort saß sie, und es regnete den ganzen Nachmittag, die ganze Nacht und noch den halben Vormittag des nächsten Tages. In all der Zeit war die Unterseite des Birkenblattes die Heimat der Mücke, und es war ein Glück für sie, daß kein Wind aufkam, der die Blattunterseite nach oben kehrte und die Mücke in den Regen und in den Tod trieb.

Ja, das war das Glück der kleinen Mücke, und es war vielleicht nicht geringer als unser Glück manchmal.

DIE *EINE* ROSE

Die *eine* Rose überwältigt alles,
Die aufgeblüht ist aus dem Traum.
Sie rettet uns vom Grund des Falles.
Schafft um uns einen reinen Raum,
In dem nur wir sind und die Rose.
Und das Gesetz, das sie erweckt.
Und Tage kommen, reuelose.
Vom Licht der Rose angesteckt.

SO WIE

Rauchblau zieht Nebel nachmittags über die Moore,
Eh er weiß wird zu Abend, ists bläulich ein Dunst.
Durchscheinend eine einzelne Geige tönt von der Empore
Vor des großen Orchesters aufrauschender Kunst.

WOZU MIR SCHILDKRÖTEN
VERHALFEN

In einem See, nahe bei unserer Kate, sollen noch Europäische Sumpfschildkröten leben. Der Fischer erzählte es mir. Vor vielen Jahren fing er eine Schildkröte im Netz und setzte sie wieder in den See zurück.

Seit ich das weiß, besuche ich den See sommers am zeitigen Morgen, mittags und manchmal auch nachts. Es sind nur fünf Minuten Weg bis zum See. Die richtige Zeitlänge, um sich während einer Arbeitspause die Lungen mit Waldluft zu füllen.

Die Schildkröten, jene gepanzerten Tierdenkmale aus fernen Zeiten, sind sehr scheu. Bei Bodenerschütterungen – etwa durch Menschenschritte – lassen sie sich ins Wasser zurückfallen und tauchen davon. Ob sie sich in einem Gewässer aufhalten, kann man an den Schwimmblasen kleiner Fische, die auf der Seeoberfläche dahintreiben, erkennen. Vom Schlauchboot aus sah ich solche Schwimmblasen, die Reste von Schildkrötenmahlzeiten.

Der See ist von Sümpfen umgeben. Die Pflanzendecke der Sümpfe trägt die Schildkröten, aber mich trägt sie nicht. Im Frühsommer blühen zwischen großen Sumpfschachtelhalm-Stengeln die Sumpfweidenrosen, Zungenhahnenfuß und Wasserdost. Wehe, wenn man sich auf diese Sumpfblumen-Wiesen wagt – man versinkt. Aus diesem Grunde ertappte ich bis heute noch keine Sumpfschildkröte am Land. Trotzdem bleiben meine Gänge zum See nicht ohne Ergebnisse.

Zwar ist das Wasser dort nicht mehr das von vor Jahrtausenden, denn es wandert und verwandelt sich, wird Wolke, wird Regen, Schnee, Nebel oder erscheint uns als Bach, Fluß und Meer. Wir alle wandern und verwandeln uns. Aber die Mulde, in der die Sümpfe liegen, ist noch die Vertiefung, die einst ein tauender Gletscher in die Erdoberfläche drückte, eine uralte Narbe in der Erdhaut. Und wenn ich am Seerand verweile, geschieht's oft, daß ich versuche, die Zeiten zu überdenken, die zwischen mir und jener Eiszeit liegen.

Daheim lese ich in Geographiebüchern über die Epochen der Erdentwicklung nach und stelle mir vor, wie unsere Landschaft ausgesehen haben mag, als der erste Mensch in ihr erschien, dessen Nachkommen mit ihren Taten die Geschichtsbücher füllen, und deren Wege auch ich für eine kleine Zeit mit aufzuzeichnen versuche. Ich blättere, lese und versuche zu überblicken, was Geologen und Geschichtsforscher bisher über unseren Planeten und die Entwicklung der Menschheit zusammentrugen. Und vielleicht gehe ich nicht fehl, wenn ich dabei zu dem Schluß komme, daß ich in einer Zeit lebe, die ein bemerkenswertes Kapitel in den Geschichtsbüchern sein wird, weil es die Zeit war, da die Menschen mühsam und unter Kämpfen einsehen lernten, daß sich ein Mensch nicht der Arbeitserträge anderer Menschen bemächtigen darf, und weil die Menschen in der kurzen Zeit, in der ich lebte, die ersten Reisen in Himmelsschiffen zu anderen Gestirnen unternahmen.

Ist's nicht merkwürdig, daß mir die Gelegenheit, am stillen See gründlicher und ungestörter über die Vor- und die Jetztzeit nachzudenken, ein gepanzertes Reptil verschafft?

REHE AUF DER WIESE

Der Nebel war gefallen, die Gräser waren voll Tau, und der Morgen war schon fertig.

Ein Vogel rief im Strauch, wie wenn zerschnittene Grünbohnen in eine irdene Schüssel fallen: »Schnipp, schnipp!«

Den Warnruf fingen zwei Rehe auf. Sie standen in einer Wiese, hatten die Köpfe gehoben und spielten mit den Lauschern: Ein Bild, das ich hundertmal sah.

Aber kein Morgen und kein lauschendes Reh gleichen dem anderen. Die Gleichmacher sind unsere unzulänglichen Sinne, und wir täuschen uns, wenn wir von zwei Dingen, denen wir Gattungsnamen gaben, glauben, sie seien danach auch im Wesen gleich.

WILDHOPFEN UND WALDREBE

Der Wildhopfenstrauch hinter der Buschbrücke hatte während des Sommers die niederen Äste einer jungen Föhre erreicht und begann sich an ihnen hochzuranken. In ein paar Jahren würde der Hopfen die Föhre erdrosseln. Ich, der Mensch, sah das voraus, weil mich Erfahrung und Logik ein Stück in die Zukunft sehen lassen, und ich nahm mir vor, die Pflanzentragödie zu verhindern.

Im dunklen Grund, in der Nähe der ständigen Wildschweinsuhle, erdrosselte eine Weiße Waldrebe einen Faulbaum. Ich dachte nicht daran, es zu verhindern, nein, ich sprang dort vom Pferd und pflückte ein paar späte Waldrebenblüten, um sie und ihren Duft als letzten Sommergruß für meine Geliebte nach Hause zu bringen.

DÜRRE

Das Land versteppt. Der Regen fehlt.
Das Gras: gelbe Erinnerung.
Die Luft: flüssige Glut, die schwelt.
Das Leben: träge Spiegelung
Von Leben, das in grünen Tagen
In einem grünen Land geschah.
Verzaubrung wie in alten Sagen.
Eh man die Sintflut steigen sah.

IM HOFE

Gestern ging ein Gewitterguß nieder. Die Hafersaat dankt grün für den Kopfdung.

Am Loch des Starenkastens gieren die Jungstare mit gelbgerandeten Schlünden. Die Schwalben fliegen wieder hoch. Sie fangen Federn für ihre Nester. Im Bachtal schäumt das Wiesenkraut, und die Fliederdolden senden duftende Liebestelegramme an Kleinkäfer und Geziefer.

Im Gärtchen wachsen die Blumen ein.

Bald werden sie blühn, aber werden sie verraten, wie man aus Hofsand Duft und Farben macht?

DER GRASGOTT

Der Tag zog davon und winkte mit roten Wolken, bis er hinter dem Hochwald verschwand. Auf dem Wiesenplan hinter
den stillen Wäldern drang ein Laut aus dem hohen Gras

herüber: »Scherräp und scherräp, scherräp und scherräp!« Der Grasgott zog seine Taschenuhr auf.

Wir spähten neugierig in die Wiesen: »Wie mag er aussehn, der Gott der Gräser?«

Wir schlichen uns an. »Scherrap und scherrap!« Wie schnell läuft die Uhr des Grasgottes ab? So schnell wie die Federnelken verblühn, so schnell wie der Blühstaub des Grases verweht.

Als ihn mein Fuß fast berührte, flog er auf. Er war nicht größer als eine Zehntagepute, und er flog linkisch, flatterte, klapperte über die Binsenspitzen dahin und fiel schon wieder ins taunasse Gras. Sein Reich ist das Gras. Schon zog er die Uhr wieder auf und prahlte damit vor seinem Weibchen: »Ährte dich sähr, ährte dich sähr, wenn du mich nähmst, wenn du mich nähmst, mich mit dem Prachtgeschnarr, Prachtgeschnarr, Prachtgeschnarr.«

Wir schauten uns an und lächelten: Kein Gott der Gräser, ein Prahlhans – der WACHTELKÖNIG.

SCHLEHEN

Nun hat der Holunder schon Dolden gesetzt.
Ich hab ihn nicht weiß werden sehen.
Der Flieder verbrannt, die Lilien verweint.
Mir blühten zu Jahr nur die Schlehen.
Die Schlehen, die armen, der Wegerainschaum.
Wie gleicht sich mein Leben mit ihnen:
Frühblüte, Wirrwuchs, nicht Pflaume noch Baum.
Erdacht wohl für Vögel und Bienen.

DESHALB

Eva kam aus dem Wald und erzählte: »Der Mond war schmal wie ein Sichelblatt. Der Himmel hing tief und war rot geloht. Wildenten flogen im Keil unterm Mond; am Luchrand blauten die Tannen im Tau …«

Der Sichelmond und der Himmel in Rot, der Entenkeil über Tannen und Tau – vier DESHALBS, die ich entgegensetze, wenn sich das Leben mir widrig zeigt, wenn die WOZUS und WARUMS mich plagen.

MITTE AUGUST

Vor einer Woche war die Farbe noch verschlossen,

Mit der das Heidekraut aufleuchtet.

Sie war noch grau und wie verschossen.

Der Regen hat sie angefeuchtet

Und tief gemacht und überschwenglich.

Das letzte Sommerblühn beginnt

Und ist in Wahrheit unvergänglich.

Weil es nur Zwischenzeiten sind

Von Blühn zu Blühn: Erdatemzüge.

Und ein Vergehen gibt es nicht.

Der Tod ist eine dumme Lüge

Gegen das große Gleichgewicht,

Aus dem die Erde lebt. Auch wir vergehen

Nicht wirklich, wenn wir wirklich sind.

Denn auch durch uns geht das Geschehen,

Das weder endet noch beginnt.

TAUZAUBER

Die Vollmondnacht ging in einen Taumorgen über, der das
große Werk der Spätsommerspinnen sichtbar machte. Fichten, Faulbaum, Heidekraut und Windhalm glitten mit Segeln
aus Spinngeweb ins aufgehende Licht. Die Kiefernschonungen
glichen Häfen, in denen grüne Schiffe mit glitzernden Segeln
wimmelten. Über die Waldschneisen waren feingewebte Trans-
parente gespannt, in deren Perlen sich die sieben Farben des
Lichts spiegelten. Das Heidekraut trug die Blüten noch ge-
schlossen, sparte mit seinem Violett und wartete auf seine große
Zeit, den Mittag. Waldvögel reckten ihre ausgeruhten Schwingen, flogen ein Stück, und ihr Fluggeräusch klang klamm, und
sie setzten sich wieder, und alles war still.

Über die Wege waren Spinnfäden gespannt, die der Tau zu
Drähten verdickt hatte; Drähte, Drähte allüberall. Mein Pferd
blieb stehen, und eine Weile erlag auch ich dem Tauzauber:
Eingehegt, wie das Denkmal eines Wanderreiters, stand ich
mitten im Wald, und es war mir, als müßte ich warten, bis
mich wärmere Vormittagssonne befreie. Doch ich konnte nicht
verweilen, und ich ermunterte mein Pferd. Als die ersten Drähte lautlos an seiner Brust zersprangen, zerstob meine Illusion,
und ich trieb es zum Trab an, weil es mir schwerfiel, diesen
Taumorgen ohne einen Menschen zu verbringen, der sich mit
mir freute.

SAND

Der Tag ist hell, alle Wege voll gelber Birkenblätter. Ein Goldhähnchen flattert; sonst ist es still. Die Erde geht in sich.
Grünlinge drücken sich aus dem Mahlsand ans Licht. Sie
wachsen im Herbst auf den Heidewegen und machen noch
aus dem sandigsten Sand was.

VERGING

Der schöne Augustmond scheint herein.
Nun wird der August bald zu Ende sein.
Vertan das Jahr, das schöne Jahr
Vertan mit Abwehr von Lebensgefahr.
Alle Blumen vergeblich, die Liebe verging,
Der Mond bescheint mich, ein anderes Ding,
Ohne Seele, ohne Stimme, die Sinne nur wach:
Das Zimmer, das Fenster, der Mond – aber ach

SOMMERAUSKLANG

Nur die Hähne krähten. Sonst war es still. Es war der Geburtstag des Weisen von Weimar, und wieder ging ein Sommer zu Ende. Ich begann eine Geschichte zu schreiben. Ihr Anfang war mir wie ein Same aus fernen Ländern zugeflogen.

Die Geschichte trieb zwei Keimblätter, zwei Tage später zwei Blumenblätter. Nach Tagen setzte sie einen Trieb an. Der Trieb wuchs geil, und ich stutzte ihn. Nun wuchs der Stamm ein paar Tage ins Licht, dann wieder ein Trieb. Ich stutzte auch den; sie sollte nicht nur treiben, sie sollte auch blühn und Früchte ansetzen – meine Geschichte.

IST DIE NATUR WEISE?

Einzelne Rispen des Heidekrautes tragen noch Blüten, an anderen sind sie schon erloschen. Dort arbeiten die Stengel bereits an den Samen.

Die kleinen Kiefern tragen an den Zweig-Enden gelb-grüne Buckel, die sich braun gefärbt haben werden, sobald der Herbst zu Ende geht. Hinter der braunen Schutzfarbe werden die Knospen die Winterkälte überstehen und sich im künftigen Mai zu zart benadelten Zweigen auswachsen.

Die Rispen des Windhalmes sind schwer geworden und zwingen die Stengel, sich zu beugen. Damit verkürzen sich die Samen den Weg in die Geborgenheit, die ihnen die Erde im Winter geben soll.

Das Eichhörnchen verscharrt Eicheln, Haselnüsse und Bucheckern in der Nähe seines Kobels im Moos. Tiere und Pflanzen sind an der Arbeit, ihre Art und ihren Samen über den Winter und in die Zukunft zu bringen, und alles scheint wohleingerichtet.

Trotzdem höre ich nicht gern, wenn »gefühlvolle Tanten« beiderlei Geschlechts von »der Weisheit der Natur« plappern. Die Natur verläßt sich in der Regel auf die Masse der Nachkommen und Samen, die sie Tieren und Pflanzen zu zeugen gebietet, und oft auch auf den Zufall.

Wenn ein starker Sturm über die Heide fegt, während die Samen des Windhalmes ausfallen, trägt er sie davon, und es ist dem Zufall überlassen, ob das Erdplätzchen, auf dem sie hängenbleiben, die chemischen Bedingungen für ihr Keimen im nächsten Frühling enthält.

Eichhörnchen legen zuweilen viele Vorratsplätze an. Mitten im Winter, wenn ihr unter dem Fell angesetzter »Vorratsspeck« zu Ende geht, fühlen sie sich hungrig und unterbrechen den Winterschlaf. Ihr Körper und ihr Hirn sind schlecht durchblutet. Die Eichhörnchen können sich nicht mehr auf ihre Vorratskammern »besinnen«. Wenn dazu eine dicke Schneedecke auf dem Waldboden liegt, die den Duft aus den Nahrungsspeichern unter dem Moos zurückhält, hilft dem Eichhörnchen auch sein Geruchssinn nichts.

So kann's geschehen, daß in einem harten Winter die Eichhörnchen in einem ganzen Gebiet aussterben. In einem anderen Gebiet mit milderen Witterungsverhältnissen überleben die Eichhörnchen und vermehren sich im nächsten Jahr unangefochten, und ihre Jungen wandern vielleicht (ganz zufällig) in jenes Gebiet ein, in dem die Eichhörnchen ausstarben.

Nein, weise ist die Natur nicht, aber sie spart nicht mit Material, und sie hat Zeit, viel Zeit, wenn wir diesem Zeitüberfluß nicht das Maß des Menschenlebens anlegen.

SEPTEMBER. SEELE

Das Regengeräusch meine Seele.

Septemberregen sonderlich geht

Sacht grün: Ein Knistern von seidenen Flügeln,

Aus denen dennoch kein Flug entsteht.

Bei offenem Fenster, geschlossenen Auges

Nur mit dem lauschenden Sinn erlebt:

Milliarden Libellen im Garten.

Das dringt in den Schlaf und die Seele erbebt.

WANDEL

Ein Blatt fällt vom Baum. Weiß es noch, daß es zum Baum gehörte; fühlt sich's noch Lunge oder schon Wurzeldung?

DIE KLEINE FABRIK

Sie ist blau, die kleine Fabrik. Als ich vor Wochen vorbeikam,
war sie noch grün. In ihr werden Sonnenstrahlen genutzt.
Der Mensch müht sich, etwas Ähnliches zu erfinden.
Ich öffne die kleine Fabrik. Zuckersaft quillt mir entgegen.
»Gib auch mir eine Pflaume!« sagt mein Sohn Matthes.

SCHÖNER HERBST

Bessere Tage gibt es noch immer:
Briefe kommen, man bleibt *doch* verbunden.
Abende gibt es mit Sonnenstunden.
Bücher von Freunden im friedlichen Zimmer.

Richtig verschnitten hab ich die Rosen.
Ende September blühn sie noch mal.
Sacht am Kalender dreht sich die Zahl.
Herbst wird es ohne Toben und Tosen.

Wohl hatten wir schon Reif in der Frühe.
Frostschwarz hängen die Kürbisblätter.
Jetzt ist fast wieder Sommerwetter.
Nächtlich im Wiesental weiden die Kühe.

Gut ist auch das, ihrem Atem zu lauschen,
Wenn man spät noch einmal am Birkenweg steht
Und ein Stern im Eis der Ferne vergeht
Und die nahen Wasser frühlinglich rauschen.

HERBST

Das Gelb in den Bäumen breitet sich aus. Täglich mehr Gelb.

Sacht weht der Wind, und die ersten Blätter tändeln zur Erde.

Ich denke an unumgängliche Dinge.

WIND

Kühler Abend ins Ungewisse
Anfang Oktober. Die Welt hat Risse.
Frost dringt hindurch. Es leidet
Mein Freund. Ich denke
Worte an ihn. Sagen
Kann ich die Worte nicht.
Daß ihn kein Mitleid kränke.
Wenn eins vom andern scheidet,
Schmerzen selbst Freundesfragen.
Es hilft nicht, wenn man spricht.

Kalter Abend, von Norden kommt Wind.
Wohl denen, die beieinander sind.

ZEICHEN

Wacholder, kleine Zypresse,
Sinistres Geschöpf aus Heidesand,
Bitternis, die ich esse

Mit den bläulichen Beeren im Januar.
Es ist immer noch Abend.
Doch ist es, so scheint es, ein anderes Jahr.

Die Himmelsrosen verbleichen.
Mond und Sterne sind
Trigonometrische Zeichen.

Die Eiszeit der Seele beginnt?

HOCHHERBST

Brennende Büsche stehen im Wald. Es sind die Buchen in ihrem Herbstlaub. Gelblich und braun sind die sterbenden Blätter, zitronengelb und auch tabakbraun. Nachts fiel der Frost in Sträucher und Bäume, nun fallen die Blätter, fallen und fallen. Ein leises Ticken, wenn sie sich lösen, ein leises Tacken, wenn sie die Erde berühren.

Die Pferde stehn bis an die Fesseln im Laub. Es duftet, es raschelt. Die Seen sind blau. Das Gras ist noch grün. Wir essen am Wiesenrand unsere Brote. Mein Sohn springt im Fallaub umher und singt: »Hochsommer, Hochsommer, ich sage Hochherbst ...«

KNOSPEN

Der Himmel war blau, gelbe Baumblätter fielen. Es wehte kein Wind, doch die Baumblätter fielen. Was löste sie, was stieß sie zur Erde? Schon ragte ein kahler Zweig in den Himmel. Ich zog ihn herab und sah ihn mir an und sah, daß jedes verwehte Blatt eine Knospe am Zweig hinterließ, ein Blatt-Ei für den künftigen Frühling.

TÄUSCHUNG

Eine leichte Umdrehung des Herzens
Im wolkigen Abend wie Möglichkeit.
Gleich ist November und kommt meine Zeit
Der Hoffnung auf etwas wie Hoffnung,
Auf Frühling wie Frühling, auf Lust wie Lust …
Sekundenlächeln des Mondgnoms.
Und wieder von Wolken verrußt
Ist das Gesicht, ist das Lächeln …
Und wieder glimpst es hervor
Aus Veilchenwolken. Ein Fächeln
Wärmlich täuscht Frühling vor …
Und wieder die Herzumdrehung.
Die Feder im Innern zieht an.
Es gibt eine Auferstehung.
Wenn man dran glauben kann.

HOLUNDERSUPPE

Die Holunderbeeren sind reif. Blaue Dolden hängen zwischen halberfrorenen Blättern. Wir reiten hinaus und pflücken Holunderdolden. Herb duftet das graue Holunderholz. Der Vollmond geht auf. Sein Licht läßt das Herbstlaub der Birken leuchten. Holunderbeerdolden. Wir füllen die ledernen Satteltaschen.

Wir reiten heim und kochen Holunderbeersuppe. Wir essen die Suppe mit Semmelbröseln. Wärme durchzieht uns. Das Herz schlägt uns schneller. Der Sommer steigt uns noch einmal ins Blut. Er saß in den schwarzen Holunderbeeren.

DANKBARKEIT

Allmählich lern ich doch Dankbarkeit:
Ein Sonnentag, entgegen der Zeit.

Mitte November septemberlich,
Nachdem uns seit Wochen Nebel umschlich.

Welch festlicher Morgen, von Rauhreif verschönt!
Das Schilf am Bachrand knistert und tönt,

Wie die Starre sich löst mit gläsernem Laut …
So hoch ist der Himmel von Tiefe erblaut,

Daß das Auge den Raum sucht, bis Sonne es sengt
Und schmerzhaft den Blick zur Erde verengt.

Da fängt er den Buntspecht im flammenden Flug,
Der eben die Nachricht vom Licht übertrug.

Er schlug Reveille am hohlen Geäst.
Zerblitzten Baumes bleichender Rest,

Des Rippe über den Kiefernwald starrt.
Dem Specht wird Antwort schnell, hell und hart.

Licht, Licht! klingts über das Sonnental hin.
Und auch die Amsel erhellt ihren Sinn

Und singt für einmal entgegen der Zeit …
Und ich erhörs mit Dankbarkeit.

HOFFNUNG

Über sonnige Frosttage gleitet das Jahr in den Winter. Baumblätter fallen, fallen auch, wenn der Wind nicht weht. Sie sind nicht nur golden, braun oder gelb; sie sind auch grün, und manche sind heugrau. Schwarm auf Schwarm fliegt grundlos – so scheint es dem groben Auge – auf den frostharten Weg am Friedhof. Am Hügel dort blühn noch die Kuckuckslichtnelken, blühn noch so unverbraucht, so in Frühlingsfarben, als hätten die Toten mit ihren verstorbenen Fingern Fahnen EWIGEN LEBENS gehißt.

VOR EINEM WINTER

Ich mach ein Lied aus Stille
Und aus Septemberlicht.
Das Schweigen einer Grille
Geht ein in mein Gedicht.

Der See und die Libelle.
Das Vogelbeerenrot.
Die Arbeit einer Quelle.
Der Herbstgeruch von Brot.

Der Bäume Tod und Träne.
Der schwarze Rabenschrei.
Der Orgelflug der Schwäne.
Was es auch immer sei,

Das über uns die Räume
Aufreißt und riesig macht
Und fällt in unsre Träume
In einer finstren Nacht.

Ich mach ein Lied aus Stille.
Ich mach ein Lied aus Licht.
So geh ich in den Winter.
Und so vergeh ich nicht.

WOHER?

In der Nacht überzog sich der See mit Eis. Ich sah ihn am Morgen und fand ihn häßlich: Das Eis war stumpf und war undurchsichtig, und es erinnerte mich an die unteren Fensterscheiben meiner früheren Dorfschulstube. Die waren so stumpf und hinderten mich, auf die Wiesen vorm Schulhaus zu sehn.

Wie viele Gründe für das, was wir hassen, wie viele Gründe für das, was wir lieben, liegen in unseren Kindertagen?

FRÜHWINTER

Um zwei Uhr Mittag kommt schon das
Frühwinterabenddämmern.
Das letzte Licht gefriert im Gras.
Das Grau mit Glanz zu hämmern,
Hat sich die Sonne abgemüht
Mit ferngerückten Kräften.
Was über eine Weile blüht,
Wärmte sich in den Säften
Und wird nun wieder eingekühlt
Zum guten Überstehen.
Wer heut den Frühling vorgefühlt,
Wird auch den Sommer sehen.

NOVEMBER I

Die Blätter fallen so wie Vögel fliegen.
Sie schwärmen aus. Doch kehrn sie nicht zurück.
So fällt die Zeit von uns: Wir unterliegen.
Und merken spät: Auch wir sind zu besiegen.
Da strecken wir uns in der Stille noch ein Stück.

NOVEMBER II

Zwei letzte

Knospen hat der Rosenstrauch.

Die ersten

Rosenfrüchte leuchten wie

Kleine Winterfeuer auf.

WINTERERWARTEN

Die Äpfel glänzen wie Messing, und das Jahr zwinkert schon müde. Das Gras horcht in sich hinein, und das blühende Heidekraut ist wie eine große Abendröte.

Laß uns unter den Birken entlanggehn, wenn die Luft nach Pilzen und Nüssen duftet, wenn der Nebel wie Pulver von Sternenmeeren sich auf die bräunenden Baumblätter legt, wenn die Reiher ziehn, wenn die Wildgans nach Süd stößt, wenn das Schilf vom Schrei des Kranichs erzittert – laß uns den Winter erwarten und ihn wie die Bäume benutzen – unter den Rinden.

GEGEN NOVEMBER

Die Sterne sind schon winterlich.
Und auch die Mondscherbe ist kalt.
Novemberwind geht wider mich.
Und ich werd unaufhaltsam alt.

Wie häufig wird es jetzt November!
Wie nahe ist mir schon die Zeit,
Da alles, was geschieht, geschenkt ist.
Und schien doch gestern noch so weit.

Woran sich wärmen? Wie sich halten
Und sich ertragen? Ein Gesicht,
Versinkend mählich in den Falten.
Nur selten noch gefaßt von Licht …

Ich wehre mich, daran zu glauben,
Daß ich zu alt für Wunder bin,
Und daß die Bäume sich entlauben,
Nehm ich als Vorbedingung hin

Für einen Frühling *ohnemaßen*,
Den man im Winter *wollen* muß …
Und weiter über Sommerstraßen …
Und wenn man will, gibt's keinen *Schluß*.

DER NACHSCHÖPFER

Zwei Tage wirbelten Schneeflocken, weiße Winteratome, dann trat Ruhe ein, und die Luft wurde stiller als still und kalt.

Alles ringsum war vom Schnee verformt. Ein aufragender Schilfhalm am See war zu einem langen Stück Schulkreide geworden, und die feinen Haselnußzweige waren dick wie Kiefernäste. Eine glitzernde Welt ohne Kanten und Winkel war entstanden.

In den Tageszeitungen erschienen Fotos: Verschneite Fichten – wie Zuckerhüte. DER WINTER ALS KÜNSTLER. Ist plumpes Nachformen Kunst?

SCHNEE

Heut fühle ich zum ersten Mal
Wie Tote fühlen, wenn es schneit.
Es schneit so einsam vor sich hin.
Und man hat für die Stille Zeit

Und horcht den kleinen Schneegeräuschen,
Dem Knistern, Flüstern oder was.
Und man braucht niemand mehr zu täuschen.
Und es gibt Schnee und nichts als das.

Und man lernt gründlich, was die Welt war,
Die grüne, die von Gras und Stein,
Und wie geräumig der Fleck Erde,
Der schien uns sonst so seltsam klein

Und nimmt nun uns auf und nimmt andre,
Die nach uns kommen nach der Zeit.
Und nahm die Fremden, die vor uns warn.
Und auch auf sie hat es geschneit …

WINTER

Es hat auf die Rosen geschneit.

Die Rosen sterben im Schnee.

Will sehn, daß ich Winter und Zeit

Überblüh und übersteh.

SCHNEEFALL

Südostwind wehte und wehte so leicht, daß kein Zweig sich bewegte. In den Wäldern war's still, und etwas Weißes – ein Meisenfederchen wohl – sank auf die sperrigen Heidekrautstengel und verfing sich dort. Ein zweites Federchen fiel hernieder, und auch das blieb hängen und war da, und als ich hinzuritt, sah ich: Es schneite.

Eine Flocke fiel auf die Stutenmähne und zertaute dort zu einem Wassertropfen. Auf den Tropfen fiel eine zweite Flocke, und auch die taute dort, bis ein Flockenschwarm anschwebte und sich wollig und weich in der Pferdemähne behauptete.

Bald lag eine Schneeschicht – zart wie der Stoff von Großmüttergardinen – auf Wegen und Schneisen, aber hinter der Stute lagen die Abdrücke der Hufe noch wie Brötchen aus Sand. Flocke bei Flocke legte sich der Schnee auf die Wurzelfüße der Buchen, umhüllte ihre Astvorsprünge und überzog ihr tabakbraunes Altlaub, und eine Weile drang das Braun noch durch die Lasur, doch die Schneedecke wurde dichter, und die Farbe verstummte.

Den Koppelpfählen wuchsen Taschkenter Mützen, und die gesprenkelten Maulwurfshügel hockten umher und starrten sie an.

Nun lag schon Schnee auf dem Sattelknopf, und es lag auch

Schnee auf der Zügelhand, auf meinem Ärmel, auf meiner Mütze, und ich ließ ihn dort und schüttelte mich nicht, weil ich wissen wollte, wie sich die Bäume fühlen, wenn es Winter wird und der Schnee sie befällt.

WINTERFARBEN

Im Winter sind auch das schon Farben:
Das nackte Brombeerrankenrot,
Und wo am Berg die Bäume starben,
Da haben sich vom großen Tod
Kleinere Tode abgespellt:
Das Baumfleisch ist vor Nässe rot.
Was nach der Zeit zu Mulm zerfällt,
Von außen schwarzes Astgesplitter,
Leuchtet von innen dompfaffrot
Und riecht nach Harz noch lebensbitter.
Grün ist der Himmel. Er verloht
Und sprenkelt rot das Schneefeld ein.
Den Bach befährt ein Nebelboot.
Besegelt ist's mit Rosenschein.

DEZEMBER

Lavendelblauer Morgen im Dezember.
Und biberblauer Abend.
Und *vergangen* ist der Tag.
Und ich Vergehende wart auf ein Wunder.
Das mit dem letzten Mond geschehen mag.

TROSTWIND

Plötzlich ging der Wind hoch und hohl. In den Baumkronen war Aufruhr. Es tropfte vom Dachrand, die Hoffnungen wurden geweckt.

Immer, wenn alles erstarrt ist, kommt so ein Südwind, fährt übers Dach und summt in die Esse: Seid nur getrost und tut, was ihr müßt. Mich schickt der Frühling. Es bleibt nicht Winter.

JANUARABEND

Es ist, als ist ein Klingen
In der Luft wie von silbernen Hämmern
Oder sehr fernen Schlittenschellen.
Der Schnee beginnt einzudämmern.
Er wird blau. Der Horizont
Wird gelb und transparent.
Himmel und Erde sind
Von keinem Glauben getrennt.
Rundum alles eins und Schöne.
Schneekristalliner Staub
Reibt reine Silbertöne
Von der Eiche gefrorenem Laub.

Die Texte dieses Bandes sind folgenden Ausgaben entnommen:

EVA STRITTMATTER

Mondschnee liegt auf den Wiesen
Aufbau-Verlag Berlin und Weimar 1975
Die eine Rose überwältigt alles
Aufbau-Verlag Berlin und Weimar 1977
Aufbau Taschenbuch Verlag 1998
Ich mach ein Lied aus Stille
Aufbau-Verlag Berlin und Weimar 1980
Zwiegespräch
Aufbau-Verlag Berlin und Weimar 1980
Aufbau Taschenbuch Verlag 1999
Heliotrop
Aufbau-Verlag Berlin und Weimar 1983
Aufbau Taschenbuch Verlag 1996
Atem
Aufbau-Verlag Berlin und Weimar 1988

ERWIN STRITTMATTER

Schulzenhofer Kramkalender
Aufbau-Verlag Berlin und Weimar 1966/1989
3/4hundert Kleingeschichten
Aufbau-Verlag Berlin und Weimar 1971
Aufbau Taschenbuch Verlag 1997

ISBN 3-351-02879-2

2. Auflage 2000
© Aufbau-Verlag GmbH, Berlin 2000
Bildredaktion Ute Henkel
Textauswahl Almut Giesecke
Einbandgestaltung Henkel/Lemme
Layout und Satz Rainer J. Fischer
Druck und Binden Kösel, Kempten
Printed in Germany

www.aufbau-verlag.de